CW01647719

A LOVER'S DISCOURSE

UN DISCOURS AMOUREUX

SHARON KIVLAND

A LOVER'S DISCOURSE
UN DISCOURS AMOUREUX

MA BIBLIOTHÈQUE

I read unsolicited 'encounter' emails as if they were intended for me alone in a sincere desire for a real love relation, until their repetition bored me. I posted them on Facebook, in their most literal translation from French to English and as my commentary, while I sought their form. My friend A. C. wrote to tell me how much he was enjoying my lover's discourse. The form became clear: after the French edition of Roland Barthes's *Fragments d'un discours amoureux* ("Tel Quel", Seuil, 1977). S. K.

FIRST PUBLISHED IN THE COLLECTION (SIC) AMBRUNO 2017
SECOND EDITION 2018

ISBN 978-1-910055-28-1

The necessity of this book is to be found in the following consideration: that the lover's discourse is today of *extreme solitude*. This discourse is spoken perhaps by thousands of subjects (who knows?), but it is guaranteed by no one; it is abandoned by languages, or ignored, or disparaged, or mocked by them, severed not only from authority but also from the mechanisms of authority (sciences, knowledge, the arts). Once a discourse is thus driven by its own momentum into the drift of the unreal, exiled from all gregarity, it has no recourse but to become the site, however exiguous, of an *affirmation*. This affirmation is, in short, the subject of this book which begins here.

La nécessité de ce livre tient dans la considération suivante : que le discours amoureux est aujourd'hui *d'une extrême solitude*. Ce discours est peut-être parlé par des milliers de sujets (qui le saît ?), mais il n'est soutenu par personne ; il est abandonné des langages environnants : ou ignoré, ou déprécié, ou moqué par eux, coupé non seulement du pouvoir, mais aussi de ses mécanismes (sciences, savoirs, arts). Lorsqu'un discours est de la sorte entraîné par sa propre force dans la dérive de l'inactuel, déporté hors de toute grégarité, il ne lui reste plus qu'à être le lieu, si exigu soit-il, d'une *affirmation*. Cette affirmation est en somme le sujet du livre qui commence.

How is this book written

Everything is part of this principle: that we should not reduce the lover to a mere symptomatic subject, but rather make us hear what there is in her unreal voice, that is to say, intractable. [...] *it gives reading a place of speech: the place of someone who speaks lovingly in front of the other* (*the loved object*), *who does not speak.*

Comment est fait ce livre

Toute est partie de ce principe : qu'il ne fallait pas réduire l'amoureux à un simple sujet symptomal, mais plutôt faire entendre ce qu'il y a dans sa voix d'inactuel, c'est-à-dire d'intraitable. [...] *il donne à lire une place de parole : la place de quelqu'un qui parle en lui-même, amoureusement, face à l'autre* (*l'objet aimé*), *qui ne parle pas.*

Therefore it is
a lover
who speaks
and who says:

C'est donc
un amoureux
qui parle
et qui dit:

VANESSA

Vanessa thinks she might have fallen in love with me. She wants to meet new people, with me, perhaps. She finds my profile rather nice, and suggests that she and I might meet. She has been kind enough to send me a photograph of herself, but if I would like to see more, suggests that I visit her profile. She sends me little kisses.

Tu es mon coup de cœur. Je voudrais faire de nouvelles rencontres, avec toi peut-être ? Ton profil est plutôt sympa et peut-être qu'on pourrait se rencontrer? Si tu veux voir plus de photos, viens visiter mon profil. Bisous.

SARAH

Sarah has succeeded in finding me again, thanks to Facebook. She does not know if I will remember her. If it is really me, and if I wish to have a drink with her or go out together somewhere quietly, she asks me not to hesitate to get in touch with her. In any case, it has pleased her to have found me.

J'ai réussi à te retrouver grâce à Facebook. Je ne sais pas si tu te rappelles encore de moi. Si jamais c'est bien toi, et que tu souhaites qu'on se retrouve pour prendre un pot, ou faire une sortie tranquille, n'hésite pas à me contacter. En tout cas ça me fait plaisir de t'avoir retrouvé.

CAROLINE

Caroline is writing to me because my photograph has affected her (greatly). Cheerful, with certain assets, it is said of her that she is a woman who is irresistible to men. She knows the area well, she is often in my neighbourhood as it is not far from where she lives. If I like, we could meet and perhaps do more if she pleases me. She sends me her photograph if I am interested. Fortunately, she wants to remain discreet.

Je t'écris car ta photo m'a fait beaucoup d'effets. Souriante, avec des atouts certains, on dit que je suis une femme qui sait faire craquer les hommes. Je connais bien la région, j'y vais souvent car ce n'est pas très loin de chez moi. Si tu veux on pourrait se voir et peut-être faire plus si je te plais. Je joins ma photo si tu es intéressé, je veux rester discrète.

DELPHINE

Delphine awaits my response with impatience. Single, she likes new encounters, walks, going out with friends, films, and surprises.

J'attends ta réponse avec impatience. Célibataire, j'aime les nouvelles rencontres, les promenades, les sorties entre amis, le ciné, les surprises.

YULIA

Yulia writes to me that she is feminine, sensual, and considerate. Her attentions are serious and she seeks a sincere relationship. She wants to be with a man who makes her laugh and with whom she could share a real complicity. She invites me to look at her profile, where there are many photographs of her. She cannot wait to meet me.

Je suis féminine, sensuelle, et attentionnée. Mes intentions sont sérieuses, je cherche une relation sincère. Je veux être avec un homme qui me fasse rire et avec qui je pourrais partager une vraie complicité. Viens voir mon profil, j'ai beaucoup de photos de moi. J'ai hâte de te rencontrer...

FABIENNE

Fabienne tells me that I do not leave her indifferent. She allows herself small pleasures without shame with the guys who please her. She is funny and likes naughty games. She sends me photographs of herself and some kisses. She hopes we will see each other soon.

Tu ne me laisses pas indifferent. Je m'accorde sans honte des petits plaisirs avec les mecs qui me plaisent. Je suis drôle et j'aime les jeux coquins. On pourra faire connaissance. Je te mets des photos de moi. Bises ! À très vite, j'espère.

LAETITIA

Laetitia has sent me a message this morning. She does not see me connected often. She would have thought that she would please me, but I do not reply to her messages. Finally, she suggests that I should not hesitate, if ever, she would be delighted.

Je te vois rarement connecté, j'aurais pensé que je te plaisais, mais vu que tu ne réponds pas à mes messages ... Enfin n'hésite pas, si jamais, je serais ravie.

LOUISE

Today Louise gets in touch with me because she would like to get to know me. She wonders if I am looking for the same thing as she: a parenthesis outside time, outside a couple, to find again the lost thrill of an encounter. She suggests we exchange a few emails, and then we could have a drink together and more, if there is an affinity... a caress or a kiss could take us so far. She writes that she will see me soon.

Je te contacte car j'aimerais faire ta connaissance. Peut-être es-tu à la recherche de la même chose que moi : une parenthèse hors du temps, hors du couple, pour retrouver le frisson perdu des rencontres. Ce que je te propose c'est d'échanger un peu par mail, puis nous pourrions boire un verre ensemble et plus si affinités ... une caresse ou un baiser peut nous mener si loin. À très vite.

LILA

Lila saw my photograph on her friend's profile and has got in touch with me as she would like to meet me. She wonders if I am looking for her same thing as she: an evening's adventure that is completely discrete… and she adores forbidden games. Her husband does not suspect that she loves the pleasures of the flesh so much and she wants to take some time for herself, discover new pleasures... with other men. If I am available I can join her for discussion, it would be simpler.

J'ai remarqué ta photo sur le profil d'une amie et je te contacte car j'aimerais te rencontrer ... Peut-être es-tu à la recherche de la même chose que moi : une aventure d'un soir en toute discrétion ... j'adore les jeux interdits. Mon mari ne se doute pas que j'aime autant les plaisirs charnels et j'ai envie de prendre un peu de temps pour moi, découvrir de nouveaux plaisirs ... avec d'autres hommes. Si tu es disponible tu peux me rejoindre pour qu'on discute, ce serait plus simple.

CAROLE

Carole has sent me a email to tell me that I do not leave her indifferent. She is looking for new experiences and has desires which might surprise me. She invites me to seek her out for she liberates herself at any time to satisfy her fantasies.

Tu me ne laisses pas indifferent. Je suis à la recherche de nouvelles expériences, j'ai des envies qui pourraient te surprendre. Viens me retrouver, je me libère à toute heure pour assouvir mes fantasmes.

MARION

Marion writes to me that she would like to meet a nice man, with whom she might share moments of complicity. She is an affectionate woman, a little romantic. She likes to go out, to see films. If I am ready to extend our acquaintance, she will meet me in the bar next to the church. She asks me to keep her informed.

Je souhaite faire la rencontre d'un homme gentil, avec qui je partagerai des moments de complicité. Je suis une femme câline, un peu romantique. J'aime sortir, aller voir des films. Si tu es d'accord pour faire plus ample connaissance, on peut se donner rendez-vous au bar à côté de l'église. Tiens-moi au courant.

LAURE

Laure has sent me a private message. She is in a couple but bored with her relationship and has the desire to taste other pleasures. She is looking for plans for a rather hot evening, for she likes (very) cheeky games... But first we should get to know each other, perhaps. She asks me what I like. Her husband is away this week and we can meet at her place. She asks me to message her my telephone number.

Je t'envoie un message privé. Je suis en couple mais je m'ennuie et j'ai envie de goûter à d'autres plaisirs. Je cherche des plans d'un soir plutôt hot, car j'aime les jeux (très) coquins ... Mais d'abord faisons connaissance ? Tu aimes quoi ? Mon mari est en en déplacement cette semaine, si tu veux on peut se retrouver chez moi. Envoie-moi ton tel par message.

STÉPHANIE

Stéphanie finds me very pleasing. She describes herself as a sparkling single woman, tender or volcanic according to her mood, and admits to being libertine at times. She is funny and loves naughty games. She writes that we could get to know each other.

Tu me plais. Célibattante pétillante, douce ou volcanique selon mes humeurs, parfois libertine je l'avoue, je suis drôle et j'aime les jeux coquins. On pourrait faire connaissance.

ÉLODIE

Élodie wants to please me. She reminds me that time passes quickly, and she does not want to waste a moment. She asks me if a dose of fantasy in my life would make me happy. She proposes that I come to find her here if we just make an appointment. She tells me not to hesitate. She cannot wait to see me.

Je veux te plaire. Vois-tu, le temps passe vite, et je ne compte pas plus de perdre une minute. Serait une dose de fantaisie dans ta vie te rendre heureux ? Je te propose de venir me trouver ici qu'on fixe simplement un rendezvous. Ne tarde pas trop, je suis impatiente de te voir.

LUCIE

Lucie declares herself to be very attracted by me. She loves gallant and attentive men. Indeed, she wants to cuddle them all night long (she giggles). She asks me if she were to propose a naughty plan… would I accept it? She urges me to agree. She is going to let me find out a little more and then see if I would like to meet her.

Je suis très attiré par toi. Moi, j'aime les hommes galants, attentionnés, J'ai envie de les câliner toute la nuit (hihi). Si je te propose un plan coquin ... tu acceptes ? Allez, dis oui. Je te laisse me découvrir un peu plus et voir si tu as envie de me rencontrer.

NADÈGE

Nadège asks if I would like to amuse myself with her. She tells me that she is a greedy and liberated cougar, open to all propositions. That is, if I am not afraid to try new experiences with her.

Veux-tu t'amuser avec moi? Je suis un couguar gourmande et libéré. ouverte à toute proposition. Si tu n'as pas peur de tester de nouvelles expériences avec moi.

VANESSA

Vanessa writes again, to tell that I am her favourite. She reminds me that she is seeking new encounters. She sends me a kiss.

C'est moi, Vanessa. Tu es mon préféré. Je cherche à faire de nouvelles rencontres. Bisous.

AXELLE

Axelle is contacting me because she would like to meet me. She wonders if I am looking for the same things as she: a parenthesis outside time, outside a couple, to find again the lost thrill of an encounter. She suggests we exchange a few emails, and then we could have a drink together and more, if there is an affinity… a caress or a kiss could take us so far. She writes that she will see me soon.

Je te contacte car j'aimerais faire ta connaissance. Peut-être es-tu à la recherche de la même chose que moi: une parenthèse hors du temps, hors du couple, pour retrouver le frisson perdu des rencontres. Ce que je te propose c'est d'échanger un peu par mail, puis nous pourrions boire un verre ensemble et plus si affinités … une caresse ou un baiser peut nous mener si loin. À très vite.

NAOMI

Naomi writes to tell me that if she is writing to me today although we do not know each other it is because she has seen my photograph and is attracted by it. Yes, yes, yes, she must admit that she find me to have a certain *'je ne sais quoi'*… which makes her feel something. She would like to discuss this with me in private.

Si je t'écris aujourd'hui alors qu'on ne se connaît pas c'est que j'ai vu ta photo et tu m'attires. Oui, oui, oui …j'avoue, je te trouve un petit 'je ne sais quoi'… ça me rend toute chose. J'aimerais discuter avec toi en privé.

CLARISSE

Clarisse has completely fallen for my profile and thinks we would get on very well together. She adores parties, music, films, and naughty evenings. She suggests that we could see each other one of these days, around a coffee or a drink.

J'ai complètement craqué sur ton profil, je pense qu'on pourrait bien s'entendre. J'adore les fêtes, le cinéma, la musique, et les soirées coquines. On pourrait se voir un de ces quatre, autour d'un café ou d'un verre.

NAOMI

Naomi has fallen for me. She has already sent me a number of messages and wonders why I have not replied to her. She has seen how much we have in common. So she proposes that we should meet and asks me what I think about this. She hopes that I will reply to her quickly because she is certain that she is not mistaken; she feels that something would work out between her and me.

J'ai craqué pour toi! Je t'ai déjà envoyé des messages, mais tu ne me réponds pas. J'ai vu qu'on avait plein de points en commun ! Du coup je te propose qu'on se rencontre. Qu'est-ce que tu en penses ? J'espère que tu vas vite me répondre parce que je suis sure de ne pas me tromper, je sens bien qu'entre toi et moi ça pourrait coller.

AURORE

Aurore wants to meet new people. I seem cool and nice. If I am in accord, she is thinking about getting to know me. She urges me to fall for her, to meet her.

Moi, c'est Aurore. Je veux rencontrer de nouvelles personnes. Tu as l'air cool et sympa. Si tu es accord, je pensais faire connaissance avec toi. Craque pour moi, pour me rencontrer.

STÉPHANIE

Stéphanie writes to me today to tell me she has moved nearby and is seeking to meet people with whom she can go out, move, party. Generally she likes people who do not take themselves too seriously and know how to have fun. She asks if we might see each other. She has sent me a few more photographs of herself to help me decide.

Je viens d'emménager près de chez toi et je cherche à rencontrer des gens avec qui sortir, bouger, faire la fête. En général, j'aime les personnes qui ne se prennent pas la tête, qui aiment s'amuser. Ça te branche qu'on se voit ? Je te mets d'autres photos de moi pour t'aider à te decider.

SANDRA

Sandra writes to tell me that she adores my profile photograph. I am too sexy, she exclaims. Without beating about the bush, she really wants to meet me, for perhaps we may discover our affinities. She likes to go out and enjoy herself but above all she loves to share naughty moments. She sends me a little kiss.

Salut toi ! J'adore ta photo de profil. T'es trop sexy ! Sans détour, j'ai très envie de te rencontrer ! On pourrait faire connaissance et peut-être se découvrir des affinités ? J'aime sortir et faire la fête mais surtout j'aime partager des moments coquins. Bisous.

CÉCILE

Cécile has sent me a private message, which I regret I cannot share with you.

100% Anonyme 100% Discret 100% Efficace

AMANDINE

Amandine seeks new encounters. As I seem rather nice, she wonders if we could meet.

Moi, c'est Amandine. Je cherche à faire de nouvelles rencontres. Ton profil est plutôt sympa et peut-être qu'on pourrait se rencontrer?

LAURE

Laure has seen my profile and finds it not bad. She is in a couple but bored with her relationship and has the desire to taste other pleasures. She is looking for plans for a rather hot evening, for she likes (very) cheeky games… But first we should get to know each other, perhaps. She asks me what I like. Her husband is working away this week and we can meet at her place.

Salut à toi ... J'ai vu ton profil, pas mal. Je suis en couple mais je m'ennuie et j'ai envie de goûter à d'autres plaisirs. Je cherche des plans d'un soir plutôt hot, car j'aime les jeux (très) coquins. Mais d'abord faisons connaissance ? Tu aimes quoi ? Mon mari est en en déplacement cette semaine, si tu veux on peut se retrouver chez moi.

TATYANA

Tatyana says she is the one I seek.

Je suis celle que tu cherches.

RACHELLE

Rachelle says I will adore her proposition.

Tu vas adorer ma proposition.

NAOMI

Naomi is sexy, she is twenty-nine years old and an air hostess. She travels a lot and is as free as the air. She is not looking for love, but for a lover in every port, no attachment, only pleasure. She is sure we can find a nice place to get to know each other.

Moi, c'est Naomi, sexy, j'ai 29 ans et je suis hôtesse de l'air. Je voyage beaucoup et je suis libre comme l'air. Je ne cherche pas l'amour, mais un amant dans chaque port, pas d'attache, juste du plaisir. Je suis sure que l'on peut trouver un endroit sympa pour faire connaissance.

STÉPHANIE

Stéphanie returns to tell me how much I please her.

Tu me plais vraiment.

SOPHIE

Sophie writes to tell me that I will love her proposition and suggests a *rendez-vous* at my place in twenty minutes.

Tu vas adorer ma proposition. RDV chez vous dans 20 minutes.

NINA

Nina writes to tell me that she is burning with the desire to meet me. She likes naughty dialogues with several people. She asks me if I am interested in discussing this. She invites me to visit her profile, and if I ask her, she will unlock her private pictures just for me. She will see me soon.

Je brûle d'envie de te rencontrer. J'aime les dialogues coquins à plusieurs. Ce t'intéresse à discuter? Viens visite mon profil, si tu me le demandes, je débloquerai mes photos privées juste pour toi. À très vite.

ALEKSANDRA

Aleksandra tells me she is the one I seek.

Je suis celle que tu cherches.

MATHILDE

Mathilde writes to tell me that she will be alone tomorrow evening. She asks me if I am coming.

Je suis seule demain soir ... tu viens ?

JADE

Jade says she is still waiting for my reply. She does not know if I will receive her message but hopes that I will. It has been for some time now that she wants to take a new path in her life. Today she takes the leap in writing to me. She knows that this is a little daring but as they say, nothing ventured, nothing gained. She thinks perhaps we might talk and see if we get on, and asks me what I think about this. Single for a while, she is, she tells, me, looking to have fun now, and above all, no longer to have any complications. Well then, she writes, she hopes she has found someone like her. Even if I have someone in my life, she wishes for the chance to exchange with me.

C'est toujours moi, j'attends ta réponse. Je ne sais pas si tu vas recevoir ce message, mais j'ose espérer que oui. Cela fait un certain temps que j'ai envie de prendre un nouveau départ dans ma vie. Aujourd'hui, je saute le pas en t'écrivant. Je sais que c'est un peu osé mais comme on dit qui ne tente rien, n'a rien ! Je pense que l'on pourrait peut-être discuter et voir si on s'entend bien, qu'en penses-tu ? Célibataire depuis peu, je cherche désormais à m' amuser, et ne plus me prendre la tête surtout. Alors voilà, j'espère pouvoir trouver quelqu'un qui me ressemble. Même si tu as quelqu'un dans ta vie, je souhaite avoir la chance d'échanger avec toi.

CHARLOTTE

Charlotte has sent me a private message.

Pour toi, mon message privé.

ÉLISÉE

Elisée writes to tell me of her little weakness for me. Fortunately she likes both unusual situations and surprises.

J'ai un petit faible pour toi. J'aime les situations insolites et les surprises.

MAËLLE

Maëlle writes to me because my photograph has had many effects on her. She has sent me a little photograph of herself and asks if that tempts me to spend an evening with her. Cheerful, with certain assets, it is said of her that she is a woman who is irresistible to men. She knows the area well, she is often in my neighbourhood as it is not far from where she lives. If I like, we could meet and perhaps do more if she pleases me. She sends me her photograph if I am interested. Fortunately, she wants to remain discreet.

Je t'écris car ta photo m'a fait beaucoup d'effets. Je te laisse ma petite photo. Ça te tente une soirée avec moi ? Souriante, avec des atouts certains, on dit que je suis une femme qui sait faire craquer les hommes. Je connais bien la région, j'y vais souvent car ce n'est pas très loin de chez moi. Si tu veux on pourrait se voir et peut-être faire plus si je te plais. Je joins ma photo si tu es intéressé, je veux rester discrète.

ESTELLE

Estelle writes to tell me that she will accept any proposition coming from me.

J'accepte toutes propositions venant de toi.

CAMILLE

Camille writes to tell me it is when I want. She asks me what I think about talking with her a little. She has been single for five months and is a little bored. She is looking for someone cool who does not get worked up about things.

C'est quand tu veux. Ça te dirait qu'on discute un peu ? Je suis célibataire depuis 5 mois et je m'ennuie un peu. Je cherche quelqu'un de cool qui ne se prend pas la tête.

MELINDA

Melinda has seen my profile, which she thinks is not bad. Like Laure, she is bored with her relationship, and wants to taste other pleasures, seeking to make plans for a hot evening, for she loves (very) saucy games. She suggests that first we get to know each other. She asks me what I like. Her husband is away on business this week so if I like, we could get together at her place.

J'ai vu ton profil, pas mal. Je suis en couple mais je m'ennuie et j'ai envie de goûter à d'autres plaisirs. Je cherche des plans d'un soir plutôt hot, car j'aime les jeux (très) coquins. Mais d'abord faisons connaissance ? Tu aimes quoi ? Mon mari est en en déplacement cette semaine, si tu veux on peut se retrouver chez moi.

BÉATRICE

Béatrice has sent me a quick little message, to tell me that she is free in the evenings from 8 o'clock, though she can make herself available at other times just for me. She has left me a little present—she has given me free access to her photographs. She urges me to have a look... a little fore-taste.

Petit message rapide, pour te dire que je suis libre les soirs dès 20 h, et à d'autres moments je peux me libérer juste pour toi. Je te laisse un petit cadeau au passage, je t'ai donné un accès libre à mes photos. Regarde ... un petit avant-goût.

ZOÉ

Zoé asks if we might speak in private. Extremely liberated, she, too, lives quite near me so if I have a free moment she would be delighted to make my acquaintance. She invites me to get in touch with her at once for a private discussion to start with, for she is sure that things will be hot between her and me.

On peut se parler en privé ? Plutôt très libérée, j'habite pas loin alors si tu as un moment de disponible je serais ravie de faire ta connaissance. Tu peux me rejoindre de suite pour une discussion privée pour commencer, je suis sure qu'entre toi et moi ce sera chaud.

MELISSA

Melissa writes that it is not often that she contacts someone she does not know, but for once she thinks that the same thing brings us together. As she has been single for some time, she told herself that she should take the risk and eventually see what might happen, especially as it appears we live close to each other. On her part, all she wants is to converse with someone who is nice and uncomplicated, who won't do her head in. She is a sparkling and joyous sort of person who takes life as it comes. She proposes then that we might meet, and see if we have something in common, without obligation. Of course she does not want to waste my time, so, spontaneously, she has sent her photograph.

Ce n'est pas souvent que je contacte quelqu'un que je ne connais pas, mais pour une fois je pense que c'est la même chose qui nous attire. Comme je suis célib depuis quelque temps, je me suis dit que j'allais tenter ma chance et éventuellement voir ce que pourrait donner, surtout qu'on n'habite apparemment par loin l'un de l'autre. Moi, tout ce que je veux, c'est pouvoir dialoguer avec quelqu'un de sympa et de simple qui ne se prend pas la tête. Je suis une personne pétillante et joyeuse qui prend la vie du bon côté. On pourra ensuite se rencontrer et voir s'il y a des liens qui se créent, pas d'engagement donc. Bon, je me doute que tu ne veux pas perdre ton temps, alors je te joins spontanément une photo de moi.

EMMANUELLE

Emmanuelle awaits my reply with impatience.

J'attends ta réponse avec impatience.

ANNA

Anna writes that she is the one I seek.

Je suis celle que tu cherches.

LOUNA

Louna writes that it is her again and she is waiting for my reply. She lives near the centre of the town and is still single. If I were to ask her why, she would reply that she likes to take each day as it comes, without complications, and above all she likes an open relationship… while waiting for the right one. She asks if I would like to get to know her, and urges me to take the first step, that's all she is waiting for.

C'est toujours moi et j'attends ta réponse. Je vis près du centre-ville et je suis toujours célibataire! Si vous me demandez pourquoi, je vous répondrai: j'aime vivre au jour le jour, sans prise de tête, et surtout j'aime les relations libres … en attendant de trouver le bon. Envie de me connaître ? Fais le premier pas, je n'attends que ça.

HARMONIE

Harmonie says this will remain between her and me. She contacts me because she would like to get to know me. She wonders if I seek the same thing: a parenthesis outside time, outside a relationship, to regain the lost *frisson* of encounters. She tells me that she has been married for some years, and no longer finds this with her husband. She wants to take time for herself, to rediscover her body and new pleasures with other men. Nothing replaces the games of seduction, she writes, those moments when one senses desire arise in the other. When even the simple touch of a hand on the knee can trigger everything... she imagines that I know what she is speaking about. She asks if I am available this evening.

Ça reste entre toi et moi. Je te contacte car j'aimerais faire ta connaissance. Peut-être es-tu à la recherche de la même chose que moi: une parenthèse hors du temps, hors du couple, pour retrouver le frisson perdu des rencontres. Je suis mariée depuis quelques années, et avec mon mari ce n'est plus vraiment ça. J'ai envie de prendre du temps pour moi, de redécouvrir mons corps et de nouveaux plaisirs ... avec d'autres hommes. Rien ne remplace les jeux de séduction, ces moments où on sent le désir monter chez l'autre. Lorsque chacun sent qu'un simple effleurement d'une main sur un genou peut tout déclencher. J'imagine que tu vois très bien de quoi se parle. Es-tu dispo pour ce soir ?

TINA

Tina has everything I seek. Active and sporty, she likes to live fast and proposes an activity which will burn off many calories.

J'ai tout que tu cherches. Active, sportive, j'aime vivre à 100 à l'heure. Je te propose une activité qui nous fera brûler plein de calories.

MARION

Marion has a proposition for me. She has seen that we live in the same region. As she has just arrived she told herself that I might like to show her around. She suggests that we meet for a coffee to speak and perhaps... she lets me imagine the rest... she sends me a photograph of herself, which perhaps will help her to persuade me to contact her. And if I say yes, then to find her. She hopes we will meet soon and sends me a kiss.

J'ai une proposition pour toi. Je m'appelle Marion et j'ai vu qu'on était dans la même région. Je viens d'arriver et je me suis dit qu'éventuellement tu voudrais bien me la faire visiter. On pourrait se retrouver et boire un café pour parler et peut-être que ... je te laisse imaginer la suite ... Je te mets une photo de moi, elle m'aidera peut-être à te convaincre de me contacter. Et si tu dis oui, me retrouver. À très vite, j'espère. Bisous.

AMANDA

Amanda writes to tell me she is available when I want this week. If I am tempted by a *tête à tête*, only me and her, she is alone today.

Je suis dispo quand tu veux cette semaine. Tenté par un tête à tête rien que toi et moi? Je suis seule aujourd'hui.

CLARA

Clara writes to say that by chance she has seen that we live near each other and she likes the look of me. Recently she has started working for herself from home and so she tells me that she has some free time. She would like to talk with me. Then perhaps we might have a drink together. It is whenever I want.

J'ai vu par hasard qu'on n'habite pas loin et j'aime bien ton profil. Dernièrement je me suis mise à mon compte pour travailler depuis la maison et autant te dire que j'ai du temps libre. J'aimerais discuter avec toi. Ensuite on pourra prendre un verre tous les deux. C'est quand tu veux.

CAROLE

Carole wants the same thing as me. We have friends in common, it appears, and that is how she was able to find me. Like so many of my correspondents, she is funny and likes saucy games. We could get to know each other.

J'ai envie de la même chose que toi. On a des amis en commun et c'est comme ça j'ai pu te découvrir. Je suis drôle et j'aime les jeux coquins. On a pu faire connaissance.

MATHILDE

Mathilde has left me a message. She tells me that she is an independent young woman, cheerful, fresh, and without any complexes.

Je t'ai laissé un message. Je suis une jeune femme indépendante, souriante, fraiche, et sans complexe.

NINA

Nina would like to please me.

J'ai envie de te plaire.

MARIE

Marie writes to tell me that she has fallen in love with me at first sight. She seeks new encounters, with me, perhaps.

Tu es mon coup de cœur. Je voudrais faire des nouvelles rencontres, avec toi, peut-être.

RACHELLE

Rachelle has left me a message. She proposes a real *rendez-vous* this evening and guarantees an immediate reply.

Je t'ai laissé un message. Rendez-vous réel ce soir? Réponse immédiate assure.

FABIENNE

Fabienne writes again to remind me how much I please her. She gives herself small pleasures shamelessly with those guys who please her. She, too, is funny and likes saucy games, and suggests that we might get to know each other.

Tu me plais vraiment. Je m'accorde sans honte des petits plaisirs avec les mecs qui me plaisent. Je suis drôle et j'aime les jeux coquins. On pourrait faire connaissance.

ANGÉLIQUE

Angélique has asked me to get in touch with her. She thinks we are not very far from each other, and it would be good to make each other's acquaintance. She loves to party and to meet new people. She asks me what I would say to a little improvised session and urges me not to hesitate to get in touch with her.

Je t'ai envoyé une demande de contact. Je crois qu'on n'est pas très loin l'un de l'autre, ce serait bien qu'on fasse connaissance. J'adore faire la fête et rencontrer de nouvelles têtes. Que dirais-tu d'une petite séance improvise? N'hésite pas à venir me rejoindre.

AGATA

Agata has the means to please me.

J'ai les atouts pour te plaire.

VIRGINIE

Virginie is waiting for me.

Je vous attends.

JULIE

Julie awaits my response. For while she has been looking at my profile and finds me very attractive. That is why she contacts me, she hopes that in doing so she does not frighten me. If I agree, she would be delighted to be able to meet me and get to know me. She has a studio flat near the town hall. If I like, we could go for a drink, to see if there might be something between us. Then we can take it from there.

J'attends ta réponse. Depuis un moment je consulte ton profil et je le trouve très attirant. C'est pour ça je te contacte, j'espère que je te fais pas peur en faisant ça. Si tu es d'accord, je serais ravie de pouvoir te rencontrer et d'apprendre à te connaître. J'ai un studio près de la mairie. Si tu veux qu'on aille boire un verre, pour voir si on accroche. Dans un premier temps, on improvisera ensuite.

AMANDINE

Amandine asks if we might speak in private. She is a photographer and as she travels a lot with her job, she does not know many people here. Maybe we could talk, she writes, and begin to get to know each other.

On peut se parler en privé? Je suis photographe et je voyage beaucoup avec mon métier, du coup je ne connais pas grand monde par ici. Peut-être qu'on pourrait discuter, histoire de faire connaissance.

LAITITIA

Laititia writes again, to say that she would have thought that she would please me, but I do not reply to her messages. She urges me then not to hesitate, just in case, if ever. She would be delighted to meet me.

J'aurais pensé que je te plaisais, mais vu que tu ne réponds pas à mes messages. Enfin n'hésite pas, si jamais. Je serais ravie de te rencontrer.

CLARISSE

Clarisse writes that I can tell her what I think.

Tu peux me dire ce que tu en penses.

INGRID

Ingrid invites me to taste the forbidden with her.

Viens croquer l'interdit avec moi.

JULIE

Julie has sent me private access to her photographs. In a relationship for three years, she now seeks to spice up her life a little and refind the intensity of the first time. She suggests that she and I might start for one night, and perhaps then other nights will follow. She wonders if this is of interest to me.

Pour toi, un accès privé à mes photos. En couple depuis trois ans je cherche à pimenter un peu ma vie et à retrouver l'intensité de la première fois. Une nuit, toi et moi pour commencer ... et peut-être d'autres nuits par la suite. Est-ce que ça t'intéresse ?

ROXANNE

Roxanne invites me to come to play with her. She likes saucy little games and is open to any proposition.

Viens jouer avec moi. J'aime les petits jeux coquins et je suis ouverte à toute proposition.

JUSTINE

Justine thinks it is time we got to know each other. She asks if I am tempted by a *tête à tête*, just me and her. She is on her own today.

Il est temps de faire connaissance … tenté par un tête à tête que toi et moi? Je suis seule aujourd'hui.

MALLAURY

Mallaury needs cuddles, she tells me.

J'ai besoin des câlins.

MAUD

Maud writes that when one reaches thirty-five one desires to explore new horizons. She is looking for someone with whom to discover unlimited sensations. Open to any proposition, she asks me what I would say to her suggestion that we converse. And more, if there are affinities. She asks at what time tomorrow.

Passé 35 ans on a envie d'explorer de nouveaux horizons. Je cherche quelqu'un avec qui découvrir des sensations inédites. Ouverte à toute proposition, que dirais-tu de dialoguer ? Et plus si affinités. À quelle heure demain ?

JULIETTE

Juliette would like to talk a little, and my profile appeared in her search. She has the impression that she knows me. She asks if by any chance I go to the Rétro Club. She spends her evenings there—she must admit that she loves its ambiance. She wonders what is my style, if I prefer television or cinema. She is at home this evening.

J'avais envie de discuter un peu, et ton profil est apparu dans les recherches ! J'ai l'impression de te connaître. Tu vas pas au club le Rétro par hasard ? J'y passe mes soirées, j'avoue j'adore l'ambiance ! Et toi c'est quoi ton style ? T'es plutôt télé ou ciné ? Ce soir, c'est chez moi.

LILY

Lily writes that after five years of a difficult relationship, she finds herself single. She has just found her own flat. Today she is going to take advantage of her bachelor life to have encounters, to party and all that implies. Naughty and enterprising, she does not wish to form a relationship straight away. She is seeking light-hearted and uncomplicated affairs. She has some fantasies she would like to realise, and wonders if I want to participate.

Après 5 ans de galère de couple, je me trouve célibataire. Je viens enfin de trouver mon appart ! Aujourd'hui je vais profiter de mon célibat pour faire des rencontres, la fête et tout ce qui va avec. Coquine, entreprenante, je ne souhaite pas me remettre en couple de suite. Je cherche des relations légères et sans prise de tête. J'ai quelques fantasmes à réaliser, tu veux participer ?

ANGÈLE

Angèle wants to introduce herself to me because she feels that potentially there might be something between us. She has been married for four years. She is bored with her relationship, in which routine has installed itself. That is why she is writing to me today. She has a real desire to let herself go and to find a guy who can make her vibrate at last. She is looking for the adventure of a single night or more. She wonders what I think about this. She proposes that we speak on the telephone.

Je voulais me présenter car ça peut potentiellement coller entre nous. Je suis mariée depuis quatre ans. Je m'ennuie dans mon couple, la routine s'est installée. C'est pourquoi je t'écris aujourd'hui. J'ai vraiment envie de me lâcher et de trouver un mec qui me fera enfin vibrer. Je cherche une aventure d'un ou plusieurs soirs. Qu'en dis-tu ? Je te propose qu'on parle par téléphone.

ALICIA

Alicia is insatiable and greedy; she seeks someone with whom she can perform certain sports. She thinks that we do not live far from one another, and asks what I would think about a little meeting. If I prefer, however, to take it slowly, then she proposes we speak. She is available every evening after 7 o'clock. She sends me a kiss.

Insatiable et très gourmande, je cherche quelqu'un avec qui pratiquer certains sports. Je crois qu'on n'habite pas très loin l'un de l'autre—que dirais-tu d'une petite rencontre? Si tu préfère-y aller tranquille je te propose qu'on dialogue. Je suis disponible tous les soirs à partir de 19 h. Bisous.

DELFINETTE

Delfinette lives five kilometres from me. She is twenty-four years old. She has a serious desire to enjoy herself with me. She writes: 'Pleasure, again a bit more pleasure, always pleasure, and to end with, pleasure'. There, she says, laughing, that is basically what she seeks.

J'habite à 5 kilomètres de chez toi. J'ai 24 ans. J'ai une grave envie de m'amuser avec toi. Plaisir, encore un peu plus de plaisir, toujours du plaisir, et pour finir du plaisir. Voilà, en gros ma recherche LOL.

NATALIA

Natalia needs someone like me. She is a generous, affectionate, and sensitive woman. She would be delighted to fill me with tenderness and to satisfy my amorous needs. Already she is dreaming of falling asleep in my arms.

J'ai besoin de quelqu'un comme toi. Je suis une femme généreuse, affectueuse, et sensible. Je serai ravie de vous combler de tendresse et de satisfaire vos besoins d'amour. Je rêve déjà de m'endormir dans vos bras.

ELSA

Elsa would like me to look at her photographs. She is a warmhearted girl, very cheerful. She very much likes pleasant evenings with friends and outings of all kinds. Ideally, she would like to meet a good person, who is relaxed like her. If I want to know more, she asks me to give her a sign.

J'aimerais que tu regardes mes photos. Je suis une fille chaleureuse, très souriante. J'aime beaucoup les bonnes soirées entre amis et les sorties en tous genres. Dans l'idéal, j'aimerais rencontrer quelqu'un de bien, qui ne prend pas la tête, comme moi. Si tu veux savoir plus, fais-moi signe.

ALINA

Alina thinks that she will please me. She is feminine, sensual, and considerate. Her intentions are serious, she is looking for a sincere relationship. She wants to be with a man who makes her laugh and with whom she can share a real complicity. Perhaps she know Yulia.

Je pense que je vais te plaire. Je suis féminine, sensuelle, et attentionnée. Mes intentions sont sérieuses, je cherche une relation sincère. Je veux être avec un homme qui me fasse rire et avec qui je pourrais partager une vraie complicité.

EMILY

Emily is available this week. She invites me to have a drink with her. She has seen that we live near each other. She is looking for a man with whom she can discover new pleasures. If I could be available soon, she would be satisfied precisely because she has reserved some moments for me.

Je serai dispo cette semaine. Tu viens boire un coup? J'ai vu qu'on habite proche l'un de l'autre. Je cherche un homme avec qui découvrir de nouveaux plaisirs. Si tu peux être dispo d'ici peu j'en serais comblée car justement, je te reserve quelques moments.

MANONA

Manona just wants to have fun. If I am not afraid of a *mademoiselle* with a bad and capricious character, well then, good, OK, I can write to her. She has let me see her private photographs.

Je veux juste m'amuser. Si tu n'as pas peur d'une miss avec un sale caractère et capricieuse, bon, ben, OK, tu peux m'écrire. Je t'ai donné accès à mes photos privées.

JULIE

Julie has written to me again. This time she suggests I call by her place. She still finds me very attractive. She is tall, her long hair is chestnut, her almond eyes are hazel, and she weighs 55 kilos. Generally people find her rather cute. We could perhaps see each other at the end of the week if I am available She has a studio flat near the town hall. If I like, we could have a drink together to see if we get on initially, and then take it from there. If I am in accord, she would be delighted to be able to meet me and to learn to get to know me. In any case, she hopes that her message will give me the desire to meet her and that something will follow from it.

Je te propose de passer chez moi. Je te trouve très attirant. Je suis grande, mes longs cheveux sont châtains, mes yeux en amandes sont noisette, et je pèse 55 kilos. On me trouve plutôt mignonne en général. On pourrait peut-être se voir en fin de semaine si tu es disponible. J'ai un studio près de la mairie. Si tu veut qu'on aille boire un verre, pour voir si on accroche, dans un premier temps, et improviser ensuite. Si tu es d'accord, je serais ravie de pouvoir te rencontrer et d'apprendre à te connaître. En tout cas, j'espère que mon message t'aura donné envie de me rencontrer et d'y donner suite.

ALINE

Aline sends me her latest photographs. She loves my style. She would like to get to know me. I have the air of corresponding to the type of guy for whom she is looking, funny and ready to enjoy myself. She lives in the centre of town, she knows a really nice café, and suggests we could meet there and get to know each other.

Je t'envoie mes dernières photos. J'adore ton style. J'aimerais faire ta connaissance. Tu as l'air de correspondre au genre de mec que je cherche, marrant et prêt à s'amuser. J'habite dans le centre, je connais un café hyper sympa, on pourrait s'y retrouver et faire connaissance.

AVALONE

Avalone asks if we might talk. She calls me her 'cabbage'. She is a twenty-four-year old chick who is looking for nice guys with whom to have a good time.

On peut se parler, mon chou? Je suis une nana de vingt-quatre ans qui cherche à faire des rencontres avec des mecs sympas pour passer du bon temps.

SABRINA

Sabrina asks if we might spend the night together. She wishes to meet a man who is younger than her, with whom she might share moments of complicity. She is a cuddly woman, a little naughty. She likes going out, and takes pleasure without any complications. If I am in accord that we extend our acquaintance, we could arrange a *rendez-vous* in the bar next to the church.

On pourrait passer la nuit ensemble ? Je souhaite faire la rencontre d'un homme plus jeune que moi, avec qui je partagerai des moments de complicité. Je suis une femme câline, un peu coquine. J'aime sortir, et prendre du plaisir sans me prendre la tête. Si tu es d'accord pour faire plus ample connaissance, on peut se donner rendez-vous au bar à côté de l' église.

MAGALI

Magali thinks that we might have seen each other in the street. She likes men, she wants to cuddle them all night long, She asks if I would accept her naughty plan if she proposes it. She urges me to say yes, I will not regret it. She will let me discover a little more about her and see if I would like to meet her. Perhaps she knows Lucie.

On s'est vu dans la rue, non ? Moi, j'aime les hommes, j'ai envie de les câliner toute la nuit. Si je te propose un plan coquin ... tu acceptes ? Dis oui, tu ne le regretteras pas ! Je te laisse me découvrir un peu plus et voir si tu as envie de me rencontrer.

LOLA

Lola is rather crazy and funny, she writes. She adores making new encounters. But in life it is is not always easy to approach people without knowing them. Happily, with the Internet it is easier. Moreover, she thinks that I live close to her. She is in the next street, in rue Parlune. To motivate me and to show me that she has nothing to hide, she has sent me a photograph of herself. She asks at what time we might meet.

Plutôt délirée et marrante, j'adore faire de nouvelles rencontres. Mais dans la vie ce n'est pas toujours simple d'aborder les gens sans les connaître. Heureusement avec Internet c'est plus simple. En plus, je crois que tu habites à côté de chez moi. Je suis dans la parallèle à la rue Parlune. Pour te motiver et te montrer que je n'ai rien à cacher, je te mets une photo de moi. On se retrouve à quelle heure ?

PAULINE

Pauline adores my photograph, which caught her eye. She says that I look really nice and am rather a hunk. She wonders what I would say about getting to know each other.

J'adore ta photo, elle m'a sauté aux yeux. T'as l'air super-sympa et plutôt beau gosse. Que dirais-tu de faire connaissance ?

TIPHAINE

Tiphaine asks if I would say yes to her for this evening. She seeks a quick, uncomplicated plan. She asks if it is OK with me that we see each other rapidly. She is waiting for my reply.

Tu me dis oui pour ce soir ? Je cherche un plan rapide et sans prise de tête. Tu serais OK pour qu'on se voir rapidement. En attente d'une réponse.

VANESSA

Vanessa writes again that I please her deeply. She urges me to come quickly – she will warm me up. She has returned to her bachelor life recently and she really wants to meet new people. Wild and naughty, she likes intense experiences. She asks what I think about sharing them with her.

Tu me plais grave. Viens vite, je vais te réchauffer. Je viens de retrouver ma vie de célibataire depuis peu et j'ai très envie de faire des nouvelles rencontres ! Délurée et coquine, j'aime les expériences fortes ! Que dirais-tu de les partager avec moi ?

I AM ENGULFED, I SUCCUMB …

JE M'ABÎME, JE SUCCOMBE …